Rolf Friedrich Schuett

Fürchten Pazifisten Kriege mehr als Sklaverei?

Essays und Aphorismen

Rolf Friedrich Schuett

Fürchten Pazifisten Kriege mehr als Sklaverei?

Essays und Aphorismen

Bibliographische Information Der Deutschen Bibliothek:
Die Deutsche Bibliothek verzeichnet diese Publikation
in der Deutschen Nationalbibliographie; detaillierte
bibliographische Daten sind im Internet abrufbar über
http://dnb.ddb.de

Herstellung und Verlag :
BoD – Books on Demand, Norderstedt

Printed in Germany

ISBN 978-3-7557-3867-1

INHALT

Für Elke
in Liebe und Dankbarkeit

Umworbene Rekrutenanwerber

Die Zielgruppe des Werbeschützen sind seine Opfer. Er will keinen Bedarf decken, den wir haben, sondern Bedürfnisse wecken, die wir haben sollten (und ohne ihn nicht hätten), um dafür dann zu schuften. Aber wenn Werbepsychologen nun einander umwerben?

Ein guter Essay beginnt nicht langweilig mit dem Anfang, sondern gleich mit dem Schluss, um ihn durch logische Schlüsse oder auch nur psychologische Entschlüsse schrittweise immer etwas plausibler zu machen. Da ich einen verführerischen Werbe-Essay versuche, fange ich an mit dem Ergebnis meiner sicher unterlegenen Überlegungen : Jedermann ist ein Werbepsychologe und sollte ein guter Werbepsychologe seines Lebens und Strebens sein.

Die schlechtesten Werbepsychologen der Welt sind allerdings jene, die Werbepsychologie an Universitäten oder Fachhochschulen ausdrücklich studiert haben, und was für Werbepsychologie gilt, gilt ganz allgemein für alle Psychologie.

Jede Sprache ist ursprünglich eine Sprache der Verführung, schrieb der Pariser Existenzialist *Jean-Paul Sartre*, als großer Sprachkünstler selber ein (hässlicher) Verführer schönster Frauen und klügster Intellektueller. Jede Sprache, ob nun verbal oder subverbal, versucht ja, Mitmenschen zu umwerben und ins eigene Lager zu ziehen. Jeder wirbt mehr oder weniger erfolgreich und geschickt für sich und die Seinen und für das, was er so anzubieten und auf *Thackerys* „Jahrmarkt der Eitelkeiten" zu werfen hat. Es kommt nur an auf das, was da gut oder schlecht ankommt. (Sogar ein großer Dichter wie Frank *Wedekind* schrieb Werbesprüche für „Maggi" und Salonkommunist *Brecht* für eine Autofirma, die ihn dann mit einem PKW bezahlte.)

Der beste Werbepsychologe der Welt ist nicht, wer *LeBons* oder *Freuds* „Massenpsychologie" studiert hat, sondern *the common sense of the common man*, der gesunde Menschenverstand des gewöhnlichen Sterblichen, weil nur er gegen Werbepsychologie von Spezialisten potentiell immun macht.

Psychologie ist allgemein der gelehrte Versuch, ohne die menschliche Seele auszukommen und sie zu ersetzen durch ein Bündel konditionierbarer Reflexe, einschleifbarer Reaktionsautomatismen und manipulierbarer Motivkonventionen. Sie behandelt unser Innenleben wie ein Regelwerk bekannter Schrauben, Hebel und Dampfventile, auf denen dann der werbepsychologisch Gewitzte sein garstig´ Lied beliebig spielen kann wie auf einer verweltlichten Orgel. Der diplomierte Werbepsychologe ersetzt Einfühlungsvermögen, das ihm stets abgeht, durch Unterstellung von gesellschaftlich einprogrammierten Entscheidungsmotiven, denen wir alle angeblich hilflos ausgeliefert sind. Deshalb hat er in Industrie- und Dienstleistungsbetrieben auch keinen Erfolg, also nur messbaren.

Psychologe ist die Lehre von der sterblichen Seelenlosigkeit. Jedermann ist legitimer Werbepsychologe seiner selbst von Natur und familiärer Erziehung aus. Schon das Baby wirbt mit erstem Lächeln um den „stillen Glanz im Auge der Mutter". Nur Werbepsychologie als explizites Studienfach lehrt nicht die Kunst, Mit- oder Gegenmenschen zu verführen, sondern nur anzuführen, also an der Nase herumzuführen. Wir bieten Produkte einer Arbeit an, die wir hassen, um Dinge einzuhandeln, die wir nicht brauchen, sagt der Volksmund.

Selbst der „zwanglose Zwang des besseren Arguments" will uns nur rhetorisch überreden, von

Herdenmoral überzeugt zu werden, und selbst das schlichteste Gemüt versteht es ja, andere Gemüter erfolgreich zu erspüren und zu umwerben. Der Geworbene zahlt für das, was man ihm geben kann; er opfert etwas, um etwas ihm Begehrenswerteres zu bekommen, und man tauscht Werte aus wie Meinungen und Ansichten.

Der Werbepsychologe tut nur das, was jeder Mensch tut, weil jeder Mensch Werbepsychologe ist, also leibhaftig eine Seele hat und leibhaftig Seelen umwirbt und Reklame fürs Seine macht. Vom lärmenden Laiendemokraten und Stammtischbruder unterscheidet er sich nur durch Demagogie eines tölpelhaften Hilfsdespoten von sehr verschwiegenen Konzerndespoten. Diese Experten-Werbung ist so laut wie unlauter, weil sie sich soweit selbst erniedrigt, ihre Adressaten nur zu erniedrigen, also zu reduzieren auf Maschinenmenschen, die nur von Menschmaschinen bedient werden, bis die bedient sind.

Kurzum : Die werbepsychologisch verführbarsten Menschen der Welt sitzen nicht im gemeinen Volk, sondern unter den gebildetsten Anführern, im linken wie im rechten Lager. Die verführten Verführer und philosophischen Werbepsychagogen *Sartre* und *Heidegger*, Grübelleuchten ihrer Zeit, fielen wie intelligente Dummköpfe herein auf Werbepsychologie von Führernaturen. Der Münsteraner Philosoph *Hans Blumenberg* schrieb ein lesenswerteres Buch über „Die Verführbarkeit der Philosophen" durch dümmste Werbestrategien.

Werbefuzzys sind immer schon hereingefallen auf den sozialpsychologischen Zeitgeist, bevor sie auch nur ein einziges Opfer aufs Korn genommen haben. Überreden sie uns nur zu dem, was wir insgeheim ohnehin wollen – wie moderne Psychotherapeuten, die uns ermuntern, selbst zu unseren verdorbensten Trieben zu stehen und uns von ihnen komfortabel treiben zu lassen? Dann aber wird jedermann Komplize dessen, was er erleidet, auch und gerade der ausgebuffteste Werbefachmann selber. Oder will der nur nicht als einziger hereingefallen sein?

Wie Mann und Frau einander umwerben, indem sie vorgeben, nur verführt oder angeführt zu werden, ist eine alte Kunst, die heutzutage durch "Anmache und Anbaggerei" und *sexual harassment* ersetzt ist, und das ist das erotische Vorbild aller modernen Werbepsychologen, die sich gegenseitig über den Tisch ziehen zu den bekannten Mesalliancen, die alle unbefriedigt genug lassen, um nach Neuem endlos weiter zu jagen im sozialgerechten Hamsterrad der modernen Hochleistungsindustrien.

Man studiert Psychologie, um Menschen zu beherrschen unter dem Vorwand, ihnen zu helfen. Zum Glück erreicht das Studium stets das genaue Gegenteil : Der Berufspsychologe wird lebenslang fachgerecht beherrscht von seiner Unfähigkeit, sich und andere zu verstehen. Angestellt wird er in Betrieben, um für reibungsloseren Betrieb zu sorgen und dadurch die Produktivität zu steigern. Er steht oft mit an den Selektionsrampen der Personalbeschaffer und -kontrolleure. Sind Diplompsychologen mehr als überangepasste Anpassungsexperten?

Sie stolzieren hinter unserem Alltag. Man ist heute stolz auf sein Understatement wie Diogenes auf seine Tonne, aber der eitle arme Sünder und gewöhnliche Sterbliche strahlt und prahlt zurecht mit seinem Kinderreichtum und braucht keine Reklamepsychologie, um für das Leben zu werben.

Biedermeier als verschlafene Idylle
oder linke Revolte zur rechten Zeit?

Wenn alle dagegen sind wie gegen den Brandstifter-Biedermann des „Biedermeier", muss etwas dran sein, und wenn alle dafür sind wie für seinen Todfeind, den linksliberalen Politdichter des „Vormärz", muss etwas daran faul sein. Keine Lebens- und Kunstepoche der deutsch(sprachig)en Geschichte ist so verrufen und verachtet wie nach Napoleon, dem Verräter und Vollender der Französischen Revolution, die drei vergleichsweise kriegs- und kampfesmüden Biedermeier-Jahrzehnte des „Deutschen Bundes" zwischen Graf *Metternichs* „Wiener Kongress" 1815 und der jungdeutsch gescheiterten liberalbürgerlichen „Märzrevolution" von 1848.

Die „Karlsbader Beschlüsse" nach Napoleons „Waterloo" und nach der rohen „Völkerschlacht bei Leipzig" führten zur „Restauration" der „Heiligen Allianz" mit Österreichs und Russlands Monarchien. *Turners* Bildimpressionismus gab den Smog von Vulkanausbrüchen wieder, nicht von revolutionärem Pulverdampf. Gartennatur und Hauskultur überstimmten Tumult und öffentliche Blutraserei.

Spitzwegs kauzige Idyllenmalerei war im Grunde spätromantischer Humor. Hausmusik bevorzugte Kammermusik, die geheime Königin der klassischen Musik, ja, bis hin zu Robert *Schumann* und Franz *Schubert*. Zeittypisch „holdes Bescheiden" (*Mörike*) und stille Genügsamkeit eines „einfachen Lebens" waren im Grunde stoische Ideale der antiken *Autarkeia*. Wiener Strauss-Walzer und karnevaleske Volksfröhlichkeit von 1830 werden vom pessimistischen Pop-Hedonisten von heute nur verlacht. „Freut euch des Lebens"? Heuer hat man lieber Heidenspaß und Mordsspaß.

Moderne Wohnzimmergemythlichkeit mit Weihnachtsbescherungen stammt aus dem eher schlicht eleganten Biedermeier. Vox Populi Vox Dei? Des Volkes Stimme in den Kneipendemokratien ist nicht mehr Gottes Stimme, sondern heute als ein Stammtischpopulismus gebrandmarkt. Die patriarchalische Familie – Vater muss zwangsschuften gehen und Mutter darf frei zuhause bleiben – wurde seither ersetzt durch „emanzipierte" Zugewinngemeinschaften : Mutter darf wie Vater ans Fließband gehen. Oder die Mittelschicht-Emanze unterrichtet fremde Kinder in fremden Schulen nach fremden Richtlinien, statt eigene Kinder zuhause nach eigenen Richtlinien und das eigene Heim zu einer Volkshochschule zu machen – ihrem verarbeitsweltlichten Gatten zur Nachahmung empfohlen. Als wäre der eigene Ehemann tyrannischer und ausbeuterischer als ein vorgesetzter Konzernchef! Ein quietistischer Rückzug der armen Biederfrau aus Fabrik und Büro in Eigenheimchen und Familie wäre da hingegen wahrhaft befreiend und progressiv. (Patriarchat ist alttestamentarisch, also der Mittelstandsfeminismus Höherer Töchter vielleicht nur schlicht … ?)

Die Vorstadttheater spielten damals mehr leicht-füßige Lust- als pessimistische Trauerspiele, was heutigen bierernsten Weltverschlimmbesserern lei-chenbitter aufstößt. Dass *Raimund*s Narrenpossen und *Nestroys* Wagnerparodien biedermeierlich wa-ren, passt nicht so ganz ins heute gängige Schauer-bild. „Der Traum ein Leben"? Goethe-Epigone Franz *Grillparzers* und Friedrich *Hebbels* aphoris-menreiche „Tagebücher" gehören zum Feinsten dieser Gattung, mit einem Kult gepflegter Innerlich-keit und Innigkeit in ihren sonstigen Schauspielen.

Das Biedermeier war besinnlich und besonnen, „reaktionär" und voll „Andacht im Kleinen" (*Stifter*) – wie ich Monotheist. Adalbert *Stifters* „Sanftes Gesetz" in seiner Vorrede zu „Bunte Steine" gab die nachträgliche Programmschrift. Die fast unirdisch poetische Fruchtbarkeit und Virtuosität von Biedermann Friedrich *Rückert* zählt zu den verkanntesten Großtaten der deutschen Literatur. Seine orientalische „Weisheit des Brahmanen" wie von *Rumi* z.B. wäre erst noch wieder zu entdecken und stellt sich getrost an die Seite von Goethes „Westöstlichen Diwan". (Der linke Max *Horkheimer* machte den Liedermeier *Justinus Kerner* zu seinem Favoriten.)

Schinkels Bauten werden bis heute restauriert. „Bieder", eigentlich rechtstreu, gilt als einfältig rechtschaffen, eine verräterische Wertung. Biedermeierlicher „Klassizismus" spielt gleichwohl oft mit romantischen Motiven „Aus dem Leben eines Taugenichts", dessen Erzrevolte gegen moderne Hochleistungsgesellschaften von ihnen einmütig perhorresziert ist als faules Parasiten-, Vagabunden- und Zigeunertum. *Von Eichendorffs* unsterblicher Märchenheld gilt postmodernsten Profit-Spießern nur noch als "arbeitsscheues Gesindel". Aber Biedermeier tut nur bürgerlich, was Romantik nur adlig tat (und was ich proletaristisch nachgeholt wissen will). Das entpolitisierte Biedermeier pflegte eben nicht blindpraktisches „Engagement" (welches meist nur manipulierten Gegenkollektiven nachrennt), sondern höchst individualistisch unaufgeregtes Degagement – mein plebejisches Vorbild im stillen Blickwinkel.

„Ruhe ist die erste Bürgerpflicht"?
„Ruhe ist das erste Bürgerrecht." (Johannes *Gross*)

Literaturwissenschaftler Fritz *Sengle* hat in drei Bänden die „Biedermeierzeit" charakterisiert als Epoche, welche die kulturindustrielle Modernisierung der Welt entweder mit *Heine* übermütig feierte oder mit *Stifter* mehrheitlich angewidert abwehrte. Das eine Lager des Biedermanns sah die Chancen, das andere die Risiken des technokratischen und plutokratischen Weltimperialismus. Aber die frühromantische Renaissance des katholischen Mittalters wirkte in christlicher Erweckungsliteratur des Biedermeier noch nach. Auch der Biederliterat lehnt – wie auch ich – die naturwissenschaftlich-technisch-industrielle „Weltrevolutionierung" samt großkapitalistischem Profitliberalismus ab, welche die grüne Natur wie das menschliche Naturell beherrschen, vergewaltigen und schänden. Citoyen-Biedermeier sucht die „Ruhe vor dem Sturm" der *Maschinenstürmer* und nach dem Sturm von 1789.

Der bedeutendste deutschsprachige Biederliterat war der arme *Adalbert Stifter* mit dem „Sanften Gesetz" seines unsterblichen „Nachsommers", des heute verkanntesten deutschsprachigen Bildungsromans. Man streitet, ob da die Leidenschaften unter der Friedhofsruhe brodeln oder vom Geistesfrieden besänftigt sind. Stifter war nicht langweilig und unoriginell hausbacken, sondern nur rechtstreu und friedfertig. Sein biedermeierlicher Gegenspieler war im Grunde der getauft assimilierte Jude *Heinrich Heine*, dem Deutsche allerdings nie verziehen, dass er das deutsche Liedgut besser beherrschte als sie selbst. Erlebnislyrik aus Goethes „Kunstepoche" parodierte er so sehr, dass er in seinen frechfrischen Versen schließlich kein Gefühl mehr äußern konnte, ohne es gleichzeitig iron(ist)isch selbst zu dementieren, bis er an seiner permanenten Selbstlähmung viel zu früh verstarb. Laut Karl *Kraus* „öffnete er der Literatur erst das Mieder" und erniedrigte sie zum merkantilen Zeitungsfeuilletonismus, der auf Glatzen Locken drehe : „Heine und die Folgen". Und mit dem schwulen Schönheitsfanatiker Graf *Platen* lieferte der geniale Heine sich ein denkbar unwürdiges Geistesduell.

(Auch Heines Freud *Karl Marx* setzte auf vollentwickelten Industrialismus, dessen unerschöpfliches Füllhorn dann nur noch proletarisch anzueignen sei und sich wie jeder Kollektiv-Sozialismus doch nur als totalitaristische 'Büchse der Pandora' entpuppen sollte. Wer den Großkapitalismus abschaffen will, muss auch den Hochindustrialismus aufheben, dessen effektivster Vollstrecker er ist. Sozialismus mit seinem "faulen Kapital" ist nur die Vorstufe des Kapitalismus, nicht etwa umgekehrt.)

Das Ideal des Biedermeier war praktisch und literarisch die jederzeit realisierbare *Idylle* und nicht die Ideologie der *Utopie*. Das Vorbild waren im Grunde die zauberhaften „Idyllen" *Geßners* von 1756, die biedermeierlich erst wieder 1901 im nachbiedermeierlichen „Leberecht Hühnchen" des Ingenieurs Heinrich *Seidel* erreicht wurden. Kein literarisches (und soziales) Genre ist nun verpönter als das Idyll.

Spätestens seit den Gräueln des Ersten Weltkriegs registriert man nur noch giftige und verlogene Idyllen, aber laut dem orthodox-katholischen Pater-Brown-Erfinder *G. K. Chesterton*, „einem der vielleicht gescheitesten Menschen, die je gelebt haben" (Kommunist Ernst *Bloch*) und „einem der klügsten Männer Europas" (Hannah *Arendt*), haben nur zwei Dinge die letzten zwei Jahrtausende überlebt, nämlich der christliche Seelenhirte (Pastor) und die pastoralen Idyllen der Schäferpoesie vom verlorenen Goldenen Zeitalter vor dem menschlichen Sündenfall, seit der Mensch sich aus dem Nomadenparadies selbst vertrieb, um zu ackern und die Erde um- und dumm zu wühlen für seine eigene Gegenschöpfung.

Das literarische Biedermeier Stifters und Mörikes ist ein verspäteter Nachklang dieser ehrenwerten Sehnsucht des griechischen Arkadiensängers *Theokrit* und des gold-augusteischen Kulturidyllikers *Vergil* in den „Eklogen" statt Aeneis-Heroen.

Heute haben wir dazu fast nur noch *Hermann Lenz* mit seinem feinsinnigen „Wanderer", den uns der Literaturnobelpreisträger *Peter Handke* erst entdecken musste. Biedermeierliche Idyllik ist eine kultivierte, aber vehement sozialkritische Revolte gegen die hochindustriell modernistische Verhässlichung und Verschandelung der Schöpfung.

Ohnehin ist die *Vita contemplativa* im Elfenbeinturm aller *Vita activa* am Babelturm seit der Antike himmelhoch überlegen, bevor die Neuzeit leeren Aktionismus und protestantische Arbeitssklaverei heillos adelten. Die Welt, so schlecht wie sie ist, ist das Werk von allzu aktiven Leuten.

Wie aufregend und großartig die Erdverwandlung aus dem Blickwinkel von Kafkas Käfer werden kann, wenn man nicht gerade der arme Kafka ist! Statt das Ungeziefer auf seine Größe aufzupumpen, hätte *Kafka* sich zum perfekten Forschungsversteck demütig auf Käfergröße verkleinern sollen (was er doch sonst so hervorragend beherrschte) …

500 sentenziöse Weihnachtsgeschenke

Demokratische Autorität der Ältesten besiegte
einst die Autokratie des *Starken Mannes*.

Sozialisten sind Revolutionäre, die nur Reaktionäre
eines mythischen Urkommunismus sind.

Heidnische Barbaren waren stets Demokraten,
Hochkultivierte aber despotische Demagogen.

Romantisch ist nur der nomadische „Wilde",
klassisch der feudale Grundherr.

Heiden waren stets humaner
vor als *nach* den Monotheisten.

Das *Heilige* ist eher ein Erdbeben
als der allumfassende „Sinn des Sinns".

Stammen wir nun von Affen, blonden Indogermanen
oder schwarzen Afrikanern ab?

Lebenslauf : Wer eher geht und läuft, vergeht später.

Vergleichende Literaturwissenschaft findet mehr
Unterschiede als Gleichheit der Literaturen innerhalb
derselben Schriftkultur. So fast jeder Vergleich.

Mutter Kirche als getreuer Engelsbote einer Nach-
richt des Schöpfers an seine Geschöpfe : Ist die
Botschaft verschlüsselt, unklar oder vieldeutig?

Grammatik ist kein Diagramm der Muttersprache,
moderne Gemälde ähneln verzerrten Piktogrammen.

Das zu *einfache Leben* ist zu ungesund,
um lebendig genug zu werden.

Wenn Philosophie begriffliche Mystik schrecklicher
Vereinfachung durch Weltdualismus ist, gewinnt sie
die Vielfalt der Details zurück durch *aphoristic turn*.

Hegel : „Vernunft ist der Schluss", als Zirkelschluss
am Schluss nur Teufelskreis von Kreisen?

Festungsfeste feiern feste Regeln und Ausnahmen.

Der bloße Weltkreis führt unseren Gesichtskreis
weise um alles an der Nase herum – zu nichts.

Religiös ist die natürliche Erfahrung
irdischer Unerfahrbarkeit des Übernatürlichen.

Absolute Monarchie wird erst relativ
durch freiwilligen Thronverzicht.

Niederer Realismus, Materialismus, Sensualismus,
Nominalismus und Naturalismus sind hohe Ideale,
gegen die reine Ideen *Universalienrealisten* sind.

Aristoteles war Universalrealist in Aussagen, *Universalienrealist* Platon dagegen phantastisch wie Sagen.

Platon sah den Lichtschein, *Aristoteles* auch das Beleuchtete, und *Kant* nahm das Auge in Augenschein.

Nomaden waren weder Monotheisten noch Atheisten,
aber phantasierten über eine *höhere Schicksalsmacht*.

Theorien und Theologien sind geistige Abenteuer,
und Geschenke bereichern nur Schenker.

Nur Künstler sehen Kants *Ding an sich* als ein
Kunstwerk : Unmögliches erscheint unausweichlich.

Die Idee ist eine unendlich bestimmbare Stimmung,
die ihre Bestimmungen bestimmt überstimmt.

Naturwissenschaftler sprechen nur *über* Naturwissen-
schaftliches, Künstler hingegen *wie* die Natur.

Der unsichtbare Vater im sichtbaren Himmel
verschwand metaphysisch hinter universal tolerantem
Polytheismus aller Monotheismen der Völker.

Himmlisch sieht nur das schöne Bild von etwas aus,
das einsieht, ganz anders zu sein.

Himmlische Kunst glaubt und zweifelt zugleich,
ob der Himmel in ihren Bildern abgebildet ist.

Der Ewige schenkte dir kein Weltall,
aber Wohnort und Lebenszeit darin.

Leere Hände beten zum Himmel,
volle zum Teufel um mehr.

Proteus war der Gott der Polytheisten und Künstler,
doch Prometheus keiner der kreativen Freigeister.

Niederknien vor Größerem macht
Niederlagen zu Auferstehungen.

Kunst ist Veranstaltung, um Verunstaltungen
als schönere Gestalten u. u. sehen zu lassen, und
macht ständig Anstalten, aus Anstalten zu fliehen.

Ein Mythos phantasiert keine höhere Macht, sondern
über sie, Philosophie verkennt deren Unerkennbarkeit

Platon vergaß fast die Natur über deren Natur.

Philosophie ließ die Kunst immer zufrieden, weil sie
selbst eine befriedigende Kunst ist und ihre Urteils-
kraft deren Einbildungskraft nicht (zer)stört.

Philosophische Liebe zur Wahrheit ist Neugier
auf Uraltes oder ein Heidenspaß an der heiligen Ur-
Sache, aber ein Mordsspaß am Urheber des Bösen?

Kunst weckt Appetit, den nur Kitsch stillen darf.

Muss man Schlimmstes tun,
um Schönstes zu erlangen, wie sein Bestes geben,
um das Böseste zu ernten?

In nächsten Dingen wendet man sich an den fernsten
Himmel, in zu hohen Dingen an zu nahe Hexen.

Wurde die schwarze Magie der Techniker schon
poetischer als die weiße Magie der Künstler?

Die Geister, die ein Kunstwerk oder geistreicher
Mythos ruft, kommen zum Glück nicht.

Die hundert Taler der Kunst sind mehr als die hundert Taler der Wissenschaft, aber nicht mehr Taler.

Ist der Mensch als Geist denn nur der Schatten,
den er wirft, fürchtet und jagt?

Die häufigste *Revolution* ist seit *Kopernikus*
die ewige Umdrehung der Erde um ihre Sonne.

Nachmetaphysisches Denken ist nur prätheistisches
Lenken und Henken, der A(nti)theist ein Antetheist.

Sind Gott und Mensch vereint im Christus,
Halbgott oder Heiligen Geist?

Das Eine der Metaphysiker ersetzt nicht den Einen
im Himmel, philosophischer Dualismus von Sein und
Schein nicht die Kluft zwischen Himmel und Erde,
aber christliche Trinität die idealistische Dialektik
von Gott und der Welt und der Seele?

Der Schein, den Philosophie scheinbar besiegt, ist nur
der augenscheinliche Heiligenschein aller Dinge.

Feste Philosophie ist erbaulich erbaut wie auf Felsen,
der durch ein Wort seines Schöpfers gesprengt wird
(Jeremia 23, 29).

Die Gravitationskraft der Mater-ie ersetzt nicht
die gravitätische Schöpfung ihres hohen Zwecks.

Demokrit und *Lukrez* ersetzten die Demokratie
der Individuen durch die Demagogie der Atome.

Aphoristic turn macht philosophische Dualismen
nur vieldeutiger und den Zwei-fel bloßer Gegensätze
zu paradoxen Selbstwidersprüchen.

Satan wird stets nur besiegt von Besiegten.

Der Naturalist verliert natürlich Sinn und Verstand,
da er ihn nicht für natürlich genug hält.

Ist es nur schlau, ist dummdreist nicht schlimm meist.

Bauern ackern, Adlige handeln (mit Ernten)
und Hirten wandeln (durch) die Herdenwelt.

Alles ist faul bis ins Mark, wo jeder bienenfleißig ist.

Scharen von Römern und Griechen zogen Pflugscharen, um sie zu Schwertern dagegen zu machen.

Athen trieb den Naturkult der Heimatstadt,
Rom den Penatenkult der Eigenheime.

Deine Allerliebste sollte keine Liebste aller sein.

„Dornen und Disteln soll er (dein Acker) dir tragen",
doch Distelöl ohne Dieselöl ist für Kräuterhexen eher
kalt gepresstes SchickSalatöl als Teufelsbratenheizöl.

Ohne das viele Leid in der Welt hätte die Tugend
es nicht schwer genug, um verdienstvoll zu sein,
sagt die *Theodizee* in einer schlechten Welt.

Das *Imperium Romanum* war schon universell wie
die Philosophie, bevor es katholisch getauft wurde.

Philosophen wurden Sophisten dualistischer
Vereinheitlichung wie monomanischer Dualisierung,
also naseweise Witzbolde des Unwissens
und Gaukler gegen gebildete Langeweile.

Sind klare Formen Vorformen von Unförmigem
oder Entstellungen von Entstelltem?

Nur philosophische Aphorismen (er)finden spielend,
was sophistische Systeme ernsthaft (ver)suchen.

Die Zeit des Philosophen hüpft von Aphorismus
zu Aphorismus ins stehende Jetzt der Ewigkeit
und vereinfacht vielfältig, statt kompliziert
zu homogenisieren.

Philosophischer Zwei-fel wird oft geheilt durch
Zerrissenheit von hundert aphoristischen Urteilen.

Roms Jupiter trieb es so bunt, dass er Christ werden
musste, doch Karthagos Moloch war so antichristlich,
dass er erst Römer werden musste : Christus wurde
mit Zeus fertig, seit Jupiter mit Baal fertig wurde.

Alles ist auf Wüstensand gebaut. Auch Petri Felsen.
(Jeremia 23, 29)

Philosophie will die Perspektive aller Perspektiven
einnehmen und die eine Welt der tausend Welten
wie tausendundeine Brillen durch eine Brille sehen.

Wahrheit überlebt als Intoleranz gegen Wahrheiten.

Das Kreuz war nicht gekommen, um Arbeitsfrieden
von tyrannischen Pflugscharen zu bringen, sondern
das Schwert von Kreuzzügen. *(Matth. 10, 34-39)*

Die Höhle unter der Erde (ver)birgt nicht die Hölle.

Tiefe Gefühle sind einfach diffus,
hohe Gedanken schreckvereinfacht.

Der Eine ist weder das Eine noch eins unter anderem.

Fast wäre Er untergegangen in der kosmopolitischen
Toleranz des imperialen Pantheons von Rom.

Am Anfang ist der Schöpfer der Hirte aller Hirten,
dann der Grundherr aller Ackerbauern und nun
der müßige Konzernchef aller Industriellen?

Ist der gottverlassene Gott
der menschverlassenste Mensch?

Ist Geist von allen bösen Geistern verlassen?

Machte *Buddha,* der den Tod lebte, aus dem Nichts
ein Drama, als er nichts auf der Welt dramatisierte?

Jeder muss sein Weltreich erobern,
um es wegzuwerfen.

Wird der Tod nur lebenslange Dispute
kurz unterbrechen?

Aphorismen : Flüchtet Ewiges sich oft in Flüchtiges,
springen Geistesblitze himmelhoch heraus.

War *Jesus*, zu jung für einst und zu alt für heute,
nur ein Kind seiner Zeit, wird unverständlich, warum
er schon damals so weltfremd wirkte wie heute.

Die Kirche hat Ihn wild entstellt?
Er ist weniger mild als sie jetzt.

Ohne Schwert, das Scharen trennt,
keine Pflugschar, die sie vereint!

Christi Sanftmut ist pazifistischer als der Pazifische
Ozean voll Piraten und bekriegt jeden Arbeitsfrieden.

Aphoristiker mit ihren metaphysischen Anekdoten
und ästhetischen Naseweisheiten sind Moralisten
ohne moralische Alters- und Binsenweisheiten.

Lebensabschnitt. Am besten schneidet ab,
wem alles schon abgeschnitten.

Was reicht höher? Oben ist Macht und Geld,
unten sei Unmut und Geist.

Lieber treue Lebensgefährten als untreue Eheleute …

Eher ist die Quantentheorie menschlich zu deuten als der Mensch quantentheoretisch.

Revolution heißt heute Empörung von Emporkömmlingen gegens Himmelhoch.

Ist die gute Welt aus nichts erschaffen – als dem Bösen? Satan hat kein Recht, (Satan) zu sein.

Religion ist klassische Geistesgeschichte romantischer Helden- und Abenteuergeschichten.

Philosophie : heilige Geistesgeschichte ohne Begeisterung für Geistergeschichten, Gedanke ohne Gemälde, Synthese ohne symbolische Sinfonien.

Sind Amseln Menschen mit Flügeln
oder Menschen Adler ohne Flügel?

Gibt es nur Wunder – außer ihrem Schöpfer?

„Freigeister“ glauben an Weltdeterminismus, Kirchendogmen (an)erkennen Willensfreiheit.

Sind Kirchendogmen eher verpönt
als Wunschdenken oder als Schreckbilder?

Ist *ewiges Leben* zu schlimm oder zu schön,
um wahr zu sein?

Stirbt der Ewige christlich,
endet kein Todsünder.

Wer betet, wirft im Himmelsparlament
seine Stimme in seine Grab- und Wahlurne.

Der Allmächtige hat auch die Allmacht, sie gütig
selbst zu begrenzen – zu deinem freien Willen.

Jeder ist so dogmatisch selbstverantwortlich,
dass er nicht die Freiheit hat, unfrei zu sein.

Der Orient ist zu alt, um jemals abzuleben, und
das Abendland zu jung, ihn nicht zu überleben.

Die meisten Christen beten, ohne zu beichten,
oder hoffen, ohne zu glauben,

Die Religion droht ständig, von mythologischen
Ideologien verschlungen zu werden wie Europa,
Westzipfel Asiens, von „Eurasien" und Fernost.

Kreativ sein : alles wegwerfen außer einem.
Autoren haben Autorität, die meisten Feuerwor-
te zu löschen und das Tintenmeer anzuzünden.

Der eingeborene Sohn ist ideales Ebenbild des
Ewigen, Erzeuger bis Vater der Menschenkinder.

Dogmen des *finstersten Mittelalters* waren libera-
ler als Vernunft *freigeistigster* Rationalisierungen
und vernünftiger als aufgeklärteste Libertinage.

Die Olymp und Taoismus Religionen nennen,
heißen Christentum einen bloßen Sonnenmythos.

Arme werden gefördert, indem man sie über-
fordert und ins Jenseits nach Utopia befördert,
also herausfordernd an Förderbänder stellt.

Oft leidet man darunter, etwas nicht zu wissen,
nicht einmal, ob man es nicht längst weiß, wissen
kann oder überhaupt wissen wollen würde.

Sorgenvolle Jugend staunt,
wie sorglos Greise leben.

Pazifisten finden Kriege schlimmer als Sklaverei.

Wurde Christus gezeugt aus dem eigenen Willen
(Arius) oder Wesen *(Athanasius)* des Vaters?

Man kann Recht haben ohne Recht dazu,
wie Logiker unlogisch leben.

Wurde *Brot und Wein* zu Christi *Leib und Blut*
wie arian. Monotheismus zu athanas. Trinität?

Ist der Ewige mehr als Eigenliebe, schuf er auch
anderes Geliebtes als sich, aber ewigkeitsfähiges.

Verhindert nur philosophische Läuterung
die nihilistische „Säuberung" der Welt?

Agnostiker glauben mehr, als sie glauben, denken
weniger, als sie denken, und wissen nicht einmal,
was sie eigentlich wissen wollen.

Der Christ hat sich so wenig natürlich aus
Heiden entwickelt wie der Mensch aus Affen.

Ein Aphorismus sei ein Schlüssel : Komplizierte
Form öffnet einfach ein Himmelstor ins Freie.

Cut-Zen (dt. Schnitt-Zen) : Japanische Meditati-
on, um besser abzuschneiden als Schmusekatzen.

Illusionen und Masken setzen uns in Bewegung,
Desillusionierung und Demaskierung zur Ruhe.

Wissenschaft? Hinter allem Schein, der täuscht,
lauert das wahre Sein, das ent-täuscht.

Die Geister der Naturvölker stehen über allem
Materiellen der entgeisterten Naturalisten,
doch unter der Natur des *Heiligen Geistes*.

Ist der Aphorismus eine kleine Schöpfung mit
eingebautem Jüngsten Gericht, link(isch)er Tag-
traum und (ge)rechte Gegenrechnung zugleich?

Essen vom *Baum der Erkenntnis* gibt Welträtsel.

Wo nichts ist als viel (ver)nichtendes Nichts, da
ist nicht Heideggers *Seyn*, sondern sein Schöpfer.

Wird im Christentum das philosophische Welt-
bild zum künstlerischen Personenporträt?

Religion ist Irrsinn, der Weltrationalisierungen
ver-rückt: Ungewöhnliches als gewohnter Wohnort, wo gewöhnliche Sterbliche beiwohnen.

Religion heißt, dass der Geist jünger wird,
je älter der Leib wird.

Christus war den Gläubigen so unglaubwürdig
wie der Ewige den Heiden heute.

Wirkt das unglaubliche Wort Gottes wie ein
Geistesblitz, der ewig währt und doch wärmt?

Bleibt der Schöpfer persönlicher als ein Geist
und unsichtbarer als ein Mensch?

War das Kirchenschiff seither ein Seenotkreuzer
nach jeder menschlichen Sintflut?

Oben zählt jeder Einzelne, unten die Mehrheit.

Voltaire Foucault. Erst wurde der Ewige, dann
der gewöhnliche Sterbliche zum bloßen Mythos
wegerklärt, um *strukturelle Gewalt* zu behalten.

Mutter Natur und Großmutter Kirche werden
stets Witwen, um Mädchen für alles zu werden.

Gottvater und Mutter Kirche überleben seit 2000
Jahren ihre Mörder, altersschwach wie blutjung:
Nominalismus, Albigenser, Kaiser Konstantin,
Renaissance, Reformation, Humanismus, 1789,
Aufklärung, Evolution, Nietzsches *Übermensch*…

Demokratische Plutokratie : Gesetzgebung heute
begründet zu oft Rechtlosigkeit der Armen.

Am sichersten wird jede Sünde wie
Sündenkritik gemieden, für die es mehr
Grauzonen als feste Paragraphen gibt.

Unentwegt beim Thema zu bleiben,
ist die sicherste Methode, es zu verfehlen.

Die schärfsten aller Logiker finden sich
unter warmherzigen Leuten, die kaltblütigsten
Menschen sind konsequente Irrationalisten.

Weil ich mehr Ideale als reale Idealisten sehe,
liebe ich beides nur platonisch wie Materialisten.

Leider gibt es nur entscheidende Leute, die nicht
entschieden für anderes sind als sie selbst, oder
fest Entschiedene, die nicht entscheiden dürfen.

Ich war so optimistisch, mich nah am Nihilismus
zu bewegen und diese Nähe stets zu optimieren.

Es gibt scheinbar so wenig Schönes in der Welt,
aber das Schönste ist doch, dass es überhaupt
auch nur das kleinste bisschen Schönheit gibt.

Wer Geist hat, ist außer sich, ohne sich zu verlieren, und geht in sich, ohne die Welt zu verlieren.

Naturphilosoph *Hegel* hätte Kosmologien über-
lichtschneller All-Expansion und (in Schwarzen
Löchern) kollabierender Massen gut verstanden:
Geistiger Leichtsinn in materieller Schwermut.

Wissenschaft forscht, Kunst bildet und Praxis
handelt forsch, ohne sich etwas dabei zu denken.

Die Armen würden Reiche umbringen, wenn sie
die nicht so liebten, ohne wiedergeliebt zu sein.

Picassos Gesichtsporträts sind getreue Photos
moderner Gesichtslosigkeit. Spieltechnische Bild-
retuschen entstellen die entlarvenden Seelenent-
stellungen, um sie nicht ernstnehmen zu müssen.

Götterbote *Hermes* war Schutzherr der Hirten
und Diebe, kein hermetischer Engel des Zeus.

Hin und Herr des PKW-Verkehrs ist sinnloser
und unsinnlicher als das Rein und Raus des GV.

Der Urmensch malte ein Pferd an die Felswand,
weil das Pferd kein Menschenbild an die Stall-
wand malen kann.

Mich verbindet mehr mit Urmenschen in bemal-
ten Höhlen als mit Paläoontologen hie im Lande,
und wer sich als besondere Tierart sieht, sieht
sich als Kreuzung von Unmensch und Untier.

Mein Steckenpferd ist kein Automobil mit wenig
PS, sondern ein durchgegangenes Schaukelpferd.

Der Menschenaffe entstand vielleicht als Evolution, der affigste Mensch aber sicher als eine Revolution, und wer das bestreitet, als ein Reaktionär.

Der Heide beurteilt den Gläubigen
voreingenommener als dieser den Ewigen.

Am Schöpfer rügt man, was man kennt,
und rühmt man, was man nicht kennt.

Nur am Ende sieht man alles frisch wie zum
allerersten Mal, doch vorher das Einzigartigste
nur fad wie zum tausendsten Mal.

Man muss lebenslang seine Wahrheit bewahren,
um zu entdecken, ob sie sich praktisch bewährt.

Oberstes Gebot moderner Kunst ist Verletzung
der Zehn Gebote. Wer sie durch abertausend
Angebote ersetzt, macht Kunst zum Werbegag
für Amor(al).

Gottesknechte waren herrlicher
als freigeistigste Herren der Welt.

Deine Meinung zum *BGE* (bedingungsloses
Grundeinkommen) z. B. zählt, deine unbedingte
Grundphilosophie heutzutage nicht.

Die letzten Dinge der Religion wurden das Aller-
letzte, was uns interessiert. Die ersten Dinge der
Philosophie wurden das letzte Gehalt der Philosophen statt der letzte Gehalt ihrer Philosophien.

Das Ideal der Wissenschaft wurde Nützlichkeit,
das Ideal der Kunst volle Nichtsnutzigkeit.

Einst durfte fast niemand reden, weil jeder
die Wahrheit wusste. Heute darf jeder reden,
weil er gar nichts zu sagen hat.

Die Evolutionstheorie langsamen Fortschritts
ist nur Angst vor katastrophalen Überraschungs-
angriffen und herrlichen Wundern.

Eher greifst du eine Großmacht an
als deine kleinsten Fehler.

Warum gibt es zwischen Menschen in großen
Weltfragen nur kleinste Unterschiede, in klein-
lichsten Alltagsfragen aber Riesendifferenzen?

Sozialismus : Dem ganzen Volk gehört das Land,
keinem Arbeiter aber auch nur ein Häuschen.

Wenige Autokraten, die Millionäre sind, besiegen
stets Demokraten, die zu Millionen sind.

Für manche ist es leichter zu sterben als mutig
zu sein. Das kann man leichter ächten als achten.

Aufklärer: Ritueller Inquisitor gegen ewige Riten.

Reiche Schufte, die nur gut handeln,
werden stets reicher, schlecht behandelte Arme,
die nur schuften, stets ärmer.

In Diktaturen sind Unschuldige die Ganoven.

Gedichte liebe ich oft mehr als die Dichter,
doch Denker mehr als ihre Gedanken und Ko-
miker mehr als ihre kosmetischen Kosmologien.

**Nur Grenzen profilieren uns, denn freie Willkür
schreibt keine romantischen Romane.**

Ausnahmen bestätigen die Regel, ist die Regel.
Also sammle Gegenbeispiele, um deine Theorie
zu verifizieren.

Auch *Darwin* versteht den Affen eher
vom Menschen her als umgekehrt.

Der Himmel erhebt sich höher über beides
als dein Geist über Leib oder Stoff.

Die Nachwelt ist nicht alles, was der Beifall ist;
die Vorwelt war nicht alles, was der Zufall ist.

Tiefste Gedanken stoßen auf höchste Ideale,
doch Hochsprung kommt vor dem Reinfall.

Ein fester Plan hat ungewissen Erfolg,
ein vager Anfang aber ein klares Ende.

Gegen *Companies* helfen nur Kompanien, gegen
Atombomben keine Stink- oder Sexbomben.

Machthunger und Freiheitsdurst gelten mehr
als Bildungshunger und Wissensdurst.

Kalter Krieg ist ein brandheißer Wettkampf
zwischen verfeindeten Arbeitsfrieden, aber eher
wird der freie Westen autoritärer als der Ferne
Osten demokratischer.

*Corona*reiche arme Länder wollen reicher werden, doch *covid*arme reiche Staaten nicht ärmer.

Wenn kleine Ganoven größere Ganoven
betrügen, heißen sie die größten Ganoven.

Lieber Individualist, der eigensinnig irrt,
als gewöhnliche Sterbliche, die wie gemeines
Volk wahrsagen?

Nietzsches „*Übermensch*, ein *Seil zwischen
Mensch und Gott*", ist weder Darwins Untier
noch Athens Halbgott – oder sich über.

CERN & Co. Genau das ist uns zu teuer,
wenn es nur Spiel ist, zu lebensgefährlich, wenn
es mehr ist, und zu dumm, falls es klug sein soll.

Aphorismen müssen diffuses *Clairobscur*
zu opaken Rätseln verdichten, um Fesseln zu lösen.

Nietzsches *Philosophorismen* sind romantisch
dionysisch heraklitisch und klassisch apollinisch
sokratisch zugleich.

Wandern. Seine Eilmärsche flohen erst krank
vor dem Ernst des Lebens und dann gesünder
vor dem Ernst des Todes.

Der jährliche IFO-Index sollte das Betriebsklima
der Beschäftigten hierzulande messen statt nur
den „Geschäftsklimaindex" der Beschäftiger.

Verdammung von „gesundem Stolz" ist nicht
ganz so eitel, wie Verdammung von Eitelkeit
etwas zu stolz klingt, um bescheiden zu sein.

Seinen Geist bezwingen müsste nur jemand,
der wenig Geist hat, und dazu fehlt ihm der Geist.

Streitlust für gute und Kriegslust gegen schlimme
Dinge sollten die allgemeine Toleranz begrenzen.

Das gleiche gerechte Maß an Lebensfreude
haben Optimisten schon bald ausgeschöpft
und sterben früh; Pessimisten brauchen dafür
etwas länger und sterben dafür meist später.

Clowns sind melancholisch, bierernste Menschen
sind fröhlich und Pessimisten nur Nihilisten.

Man kann nichts Vorübergehendes ewig lieben,
aber alles Ewige gelegentlich eine Stunde lang.

Wer nichts Genießbares findet,
muss nicht ungenießbarer werden als jedermann.

Auf Schulen sollten Kinder eher Weisheit der Medi-
en verlernen als Wahrheit der Wissenschaft erlernen

Aphoristisch lernt man keine Wahrheit,
sondern verlernt die wahrscheinlichsten Wahrheiten.

Ich entscheide mich nun nicht mehr für das Gute,
weil es gut ist, sondern Gutes ist heutzutage gut,
wenn ich mich nicht dafür entscheiden muss.

Sind alle Menschen Monarchen, ist es Demokratie.
Herrschen nur die Besten, ist es Diktatur.

Lieber noch eine Diktatur unter erstbesten Laien
als eine Demokratie unter Wissenseliten!

Demokratisch werden wir heute nie vertreten
von unsereins, sondern von unseren Feinden.

In wahrer Demokratie ist der gute Regent
eher dümmer als seine Wähler.

Gesetze werden stets so verabschiedet, dass sie
auf die reichen Gesetzgeber nicht anwendbar sind.

Mittel sind heute nicht zu Zwecken da,
sondern um Mittel herzustellen.

Wer vom *Baum der Erkenntnis* aß, wusste nun,
was gut und böse ist. Die Erkenntnis des Baumes
weiß nur noch, was schlecht ist.

Vulgäre Groschenhefte der Armen
sind realistischer als *Zolas* Elendsromane.

Gebildete Realisten halten die niederste Realität
für das höchste Ideal, ungebildete Christen sind
so realistisch, nur sentimentale Idealisten zu sein.

Der Unterschied zwischen schmutzigem Fließband
und dreckiger Bierkneipe ist größer als der zwischen
klugen Reichen und dummen Armen.

Gebildete sind meistens nihilistische Realisten
und Naturalisten, Ungebildete eher ausgelassene
Romantiker und Phantasten.

Die Guten sind gut aus Mut, die anderen aus Angst.

Hirn braucht, wer die Sterne studiert,
und Herz, wer sie dir vom Himmel holt.

Ein Leben voll Furcht und Gier ist ganz einfach,
ein Leben voll Seele und Geist ist anspruchsvoll.

Wissenschaft will feste Wahrheit und schwankt
wie ein Verwandlungskünstler, Religion will
Veränderung und steht wie ein Fels.

Autonome Leute, die sie eher lieben als stürmen,
werden mechanischer als ihre Automaten.

Die Kunst ihres Schöpfers ist früher und natürlicher
als die ganze Natur.

Speist meinen Bildungshunger und Wissensdurst
nicht mit Speis und Trank und Autos ab!

Wer Bewusstsein in Nervenzellen sperrt,
hat unbewusst nur schwache Nerven.

Eine nur schlichte Geburtstagsfeier ist schlechter
als ein nur schlichtes Gemüt.

Wer in philosophischen Problemen nicht unlösbare
Paradoxien aufspürt, ist ein problematischer Denker.

Jeder Philosoph sieht die Philosophiegeschichte von
einer Philosophie aus. Meine Tiefenpsychologie der
Philosophie will auch eine innerste Intention der
Psychoanalyse erfüllen, die selber eine Philosophie
hat (oder sein will), denn ihr Begründer wurde
„Therapeut wider Willen" und hatte seit der Jugend
nur ein philosophisches Interesse.

Mich schockiert, wie wenig Kunst noch schockiert.

Das *einfache Leben* gehört in Religion
und Philosophie, nicht in Kunst und Alltag.

Wissenschaften verdecken die Machenschaften der
Herrschaften und Leidenschaften ihrer Seilschaften.

Entdecke dein Bewusstsein im Sein,
das dein Bewusstsein aufdeckt!

Flucht vor der Realität wird heute mehr geflohen
als Flucht der Realität vor der Idealität.

Zweifel am Zweifel, Glaube am Glauben zu wissen
ist noch kein Wissen ums Wissen oder Wille zum
Wollen, tatsächliches Machen von Tatsachen oder
Festsetzen von festgelegten Feststellungen.

Wir haben zu wenige angepasste Leute, weil es
zu wenig gibt, dem man sich anpassen könnte.

Wer nichts ist, bewundert alles;
wer etwas ist, bekämpft alles.

Die billigsten Mitarbeiter einer Zeitung
sind provozierbare Leserbriefschreiber.

Man wagt, nur die Tugenden der kleinen Leute
anzugreifen, nicht die Todsünden der hohen Tiere.

Störe und verstöre deine Leser nicht so sehr,
dass sie dich zerstören!

Wer weiß, dass er nichts verdient als Misserfolg,
kann alles erreichen.

Der Schwache identifiziert sich mit dem Starken,
um schwach zu bleiben. Der Starke identifiziert sich
mit dem Schwachen, um stärker zu werden.

Die Welt ist seltsam, weil sie so selten und kostbar
wie gratis ist, ein Original oder Unikat mit hübschen
Kopierfehlern.

Die *Schönen Künste* gelten stets als langweilig,
Romane nie als höherer Klatsch und Tratsch.

Luxus ist selbst die Notdurft, die sie nie voraussetzt.

Hungernde, die sich verkaufen müssen, haben
stets Überfluss an unveräußerbaren Schätzen.

Erst braucht jedermann Überflüssiges wie Bücher
im Überfluss, ehe er Speis und Trank nötig hat.

Revolten gegen die Religion dienen nur dazu,
sie in neuer Freiheit erneu(er)t zu restaurieren.

Man braucht eine wilde Revolution, um reaktionäre
Verhältnisse zu restaurieren, und viele Reaktionäre,
um eine Revolution zu entfachen.

Dass frohe Religion roh sein muss, vulgär, primitiv,
unanständig und grob, ist das Allersublimste an ihr.

Ohne Übernatürliches wird Mutter Natur
widernatürlich künstlich.

Ich schreibe Aphorismen, weil meine Vorfahren
die *Sprüche Salomons* lebten.

Christliches *Osterlachen* ist etwas heiterer
als hedonistischer Mordsspaß.

Für meine Philosophie will ich lächerlich machende
Narrenspielchen schreiben statt tollkühn sterben.

Die Folklore des *Humanismus* ist so gut wie seine
Philosophie schlecht : Orthopraxis von Ketzern.

Das Volk versteht von jeder Religion nur
ihre tolle Mystik und esoterische Romantik.

Gebildete sollten von Ungebildeten lernen
wie Naturwissenschaftler von Mutter Natur.

Theorien sind Revolutionen, Praktiker Reaktionäre.

Stoff und Geist : Das Sichtbare wird bewirkt
von Unsichtbarem, nie umgekehrt.

Ich geh aus mir heraus, doch nicht um euch zu sehen, sondern um mich als Fremden wiederzusehen.

Nichts macht Rauchen lebensgefährlicher als stete
Lungenkrebswarnung. Rauchen aus Lebensfreude
ist viel gesünder als Rauchen zur Beruhigung.

Mehr Arme wurden todkrank durch ihre Arbeit
als durch Bier und Schnaps.

Aus schwarzen Haaren können nur graue Haare
(oder schneeweiße Glatzen) werden, aus grauen
Haaren aber wieder blonde Kinderlocken …

Mann und Frau vereinen sich nicht zu Menschen-
mus und zerfallen nicht in diverseste Tierarten.

Mit ein und derselben Frau lebt *er* in Vielehe,
doch *sie* mit hundert Kerlen monogam.

Weder in Teleskopen noch unter Mikroskopen
sind meine Nächsten besonders liebenswert.

Mein Nächster lebt weder auf dem Mond
noch als mein siamesischer Zwilling.

Was nicht streng verplant werden will,
muss nicht gleich wuchern wie ein Tumor.

Was letztlich nicht aus Materiellem besteht,
muss nicht gleich aus Geist(ern) bestehen.

Es genügt, in einer Gesellschaft zu leben
und nicht auch noch in einem Verein darin. Nur
unterm Monotheismus gibt es keine Monotonie.

Statt Freiheit der Wahrheit haben wir eine Diktatur
der Meinungen, Ansichten und Geschmäcker.

Glücklicherweise missglückt alles nur einzig *Wahre*
auf *schönste* Weise, ohne gleich *schlecht* zu werden.

Krumme Dinger wollen schnurgerade werden,
denn Bogen sind nur stark verbogene Strahlen.

Können kleine Aphorismen einen großen Mann
machen und Eindruck auf kleine wie hohe Tiere?

Hochliteratur enthüllt einen Helden mit *l´art-pour-
l´art*, Trivialliteratur nur den Autor und seine Leser.

Die Oberschicht, ohne zu verarmen, darf die Unterschicht nie unterschätzen und zugleich überfordern.

Jeder stirbt an seinen Triumphen, da Niederlagen
gut sind gegen den Niedergang.

Das Höchste im Kuhdorf ist der Kirchturm,
in der Großstadt der Bankenturm zu Babel.

Reiche sind rohe Realisten, weil sie die Realität
zu wenig kennen, und Arme sind frohe Idealisten,
weil sie die Realität zu gut kennen.

Adornos Schritt von einem Individuum zu einem
Paar oder zur ganzen Gesellschaft ist so groß wie
Hegels Schritt von zwei Liebenden zu drei Kumpels

Ungebildete fühlen die Wahrheit,
Gebildete kennen nur Wahrheiten.

Schriftsteller übersetzen vulgärste Werte in fein-
sinnigste Worte, nicht gebildete Subtilitäten
in derbe Umgangssprache der Armen.

Unsere persönlichen Prinzipien werden immer
labiler, unsere sozialen Rituale immer stabiler.

Jeder hat ein Hirn, damit es voll Himmel
über Geisteshelden ist, und ein Herz,
damit es voll Unmut über Kleinmut ist.

Gottvater machte den Menschen übernatürlich,
damit er Mutter Natur menschlich mache.

Narren halten dich gern für binsenweise,
wo Naseweise dich zum Narren halten.

Arme Geistreiche haben viel Geist aufzugeben,
da arme Reiche viele Weltreiche zu verlieren haben.

Aphoristik ist das lustige Laster, Belustigungen
mit Belästigungen zu verbinden, wo sie derben
Volksmund seinem biderben Vormund vorzieht.

Jeder Schafskopf ist ein geborener Anthropologe.

Der Geldadel gibt sich so hart wie seine Brillanten
und so zart wie seine Blumen, ohne beides zu sein.

Geistreich ist nur ein Künstler,
der keinen Krösus darstellen kann.

Easy going. Wer gar keine Gefühle hat,
muss sie auch gar nicht erst unterdrücken.

Von Herzen mit Scherzen statt Schmerzen:
Ist das Herz in der Hose am rechten Fleck?

Lichtenbergs Dummheiten sind beschlagener
als *Nietzsches* verschlagenste Lebensweisheiten.

Mäßige Askese ist die Frucht einer Lebensfreude
wie Hedonismus die faule Frucht einer Depression.

Erst war mutiger Esprit adlig wie Herzog de La-
rochefoucauld, dann bürgerlich derb wie Physiker
Lichtenberg und nun so grob wie der Volksmund.

Diderot, der größte Freigeist der Aufklärung, war
von Natur so frei, auf Willenssklaverei zu erkennen,
oder vom Schöpfer gezwungen, frei zu sein.

Freigeist *Diderot* leugnete wie Platoniker *Augustin*
den freien Willen, den der aristotelische Dogmatiker
Thomas von Aquin bewies.

Die Gedanken, dass menschlicher Wille unfrei sei,
sind so frei, dass sie oft freiwillig in Kausalketten
oder Goldkettchen liegen.

Sensibellissimus ist oft weniger einfühlsam,
weil er viel Empathie fürchten muss.

Dinge sind heute so nachmetaphysische Metamor-
phosen von nichts, dass sie keine Dinge mehr sind.

Adornos Homo sapiens so sehr unvergleichliches
Individuum, dass er schon kein Mensch mehr ist.

Agnostiker verlangen oft mehr Leichtgläubigkeit
von uns als stramm Orthodoxe.

Alles kommt weniger aus der Erde, die weniger ist,
als zum Himmel, der mehr ist.

Unter den Dingen ist anscheinend nicht nur Schein,
sondern über ihnen auch Sein.

Jedes Geschöpf, nicht heil aber heilig, ist nicht
nur weniger, nämlich stofflich und sinnlich,
sondern auch mehr, nämlich himmlisch.

Moderne Anthropologen untersuchen nur
altersweise Hominiden, nie den *Homo sapiens.*

Anthropologie wurde mehr Zoologie als menschlich
und Humanismus mehr soziale Humuslehre.

Dinge werden zu Verwandlungen von nichts, wo sie
nicht das sind, was sie selber sein können, ohne auf-
zuhören, etwas zu sein, das sich entfaltet : Nichts ist
alles, was es sein kann, zugleich wie sein Schöpfer.

Ein Anthropologe erforscht, was niemals passiert,
und weiß nicht, warum es doch passierte. Er wird
leichter Neandertaler werden, der ihn nicht versteht,
als sie und sich selbst zu verstehen.

Ist der Schöpfer unglaublicher als sein Ebenbild,
das Jenseits rätselhafter als Abseits und Diesseits?

Sind Soziologen gesellige Leute, kennen Psycho-
logen unsterbliche Seelen, welche Moral haben
Juristen und welches Recht Moralisten auf Amoral?

Leidenschaftslos lassen sich Wissenschaften besser
erforschen als Leidenschaften wissenschaftlich.

Eher fühlen sich Raubtiere in böse Menschen ein
als gute Physiker in Sterne und ihre Atome.

Viel ist in außergewöhnlicher Hochliteratur oft nicht gut genug für gewöhnliche Sterbliche, aber noch viel zu gut für hohe Tiere und andere Bösewichte.

Dass *Hegels* Geist sich in der Natur wiedererkennt, erstaunt ihn weniger, als dass er sich auch als Naturwesen anerkennt.

Die einen bewundern andere, andere lassen sich bewundern, und der Rest spielt Fangen mit beiden.

Individualismus ist gut gegen soziale Allgemeinheit und schlecht für allgemeingültig Allzumenschliches.

Was man steuern kann, ist todtraurig. Was niemand im Griff hat, ist himmlisch l(i)ebenswert.

Ein vernünftig organisierter Konzern ist engstirniger als jede chaotische Stammtischkneipe.

Die ganze liberale Gesellschaft ist bornierter als ihre kleinste Keimzelle oder ein Kloster.

Mitmenschen soll man lieben, weil sie Ekel sind.

Das Beste an der Ehe ist, dass sie unkomfortabel ist
und unerträglich wie jeder Mensch.

Das Recht auf eigene Meinung (statt der Pflicht
zur Wahrheit) ist eine lässliche Sünde,
aber unentschuldbare Kardinaltugend.

Gemütlich ruhig hat es der Hagestolz,
und nur laute Streithähne sind gesellig.

Jede Gesellschaft zerfällt in Vereine von Gleichge-
sinnten und ist verbunden durch unleidliche Nach-
barn und den kleinen Unterschied der Geschlechter.

Die Familie ist der Hort von Unruhe und Streitlust
in der Friedhofsruhe des heutigen Arbeitsfriedens.

Besteht die dreifaltig Heilige Familie
aus Gottvater, Mutter Natur und Menschenskind?

Das Universum ist eher ein himmlischer Karnevals-
scherz als ein *raumzeitliches Kontinuum*.
Es explodiert vor Lachen über sich selbst
schon Jahrmilliarden lang.

Das Wesen des Menschen, des Tiers und der Steine
ist so komisch, dass nur Komik es ganz erfasst.

Wer nur ein nützlicher Teil der Gesellschaft ist,
ist nur ein Teil des Menschen.

Bald rennt nur noch jeder, der schneller laufen kann
als das Leben.

Mit übersinnlicher Religion verschwindet auch
irdischer Frohsinn und diesseitige Sinnlichkeit.

Aphoristischer Esprit ist seriöser als akademische
Philosophie mit ernstem Gesicht und der Ernst des
Lebens lustiger als das luftigste Bonmot.

Von Wissenschaften erwarten wir so wenig
Witz wie Binsenweisheiten.

Man debattiert heiß über Fußball und Autos und
lacht zu Recht über Totkriegen und Kinderkriegen.

Jeder behütet heute mehr sich selbst
als seine Heiterkeit.

Liebe schützt besser vor AIDS
als Keuschheit und Libertinage.

Keiner bleibt seelisch gesund aus Flucht vor
Geisteskrankheit, keiner wird gerecht aus Furcht vor
der Justiz, und niemand wird gut aus Höllenangst.

Der große Schöpfer schätzt sein Geschöpf nicht
gering, und wenn es herrlich dient, verherrlicht
es großartig die Schöpfung.

Wir reißen uns nicht selber los und schreiten voran,
sondern der Fortschritt reißt uns nur mit.

Wer selbständig denken kann, bleibt ständig stehen
und schaut selbst zurück.

Gesunder Menschenverstand besteht darin, ihn über
allem zu verlieren, da er das Allerunvernünftigste ist

Ich bin nur stolz, das Weltall erleben zu dürfen
und die himmlische Gnade, darin zu leben.

Demut. Wer auf etwas stolz sein kann, ist es nicht.

Heulsusen werden Krieger;
wer nicht weint, bleibt ein Weichei.

.

Für wahre Helden sind ihre Kammerdiener
wahrhaftigere Helden als sie selbst.

Geisteshelden sind gewöhnliche Sterbliche,
Alltagshelden nur gefeierte Kriegshelden.

Wer sich klein vor Idealen macht,
macht sich groß gegen die Realität.

Man lernt von Flachköpfen und belehrt Gebildete,
bis der Dumme schlau und der Kluge ein Tor ist.

Jede Frau sieht der Christ wie die erste Jungfrau und
einen einmaligen Geistesblitz, der „Freigeist" wie
die letzte Haremshure und einen faden Gemeinplatz.

Atheisten genießen alles Genießbare und sich selbst,
Monotheisten nur Ungenießbares außer sich selbst.

Carpe diem? Alles Utilitaristische, das uns frommt,
ist widersinnig und nur alles Nutzlose pragmatisch.

Nur freier Wille abenteuert in schicksalhafter Welt.

Wann werden good bad News von bad good News
endlich mal live weggetickert?

Weihnachten und Ostern sind immer oder nimmer -
wie Karfreitag.

Laut *Hegel* ist Mystik nur „subjektive Dialektik".
Also denkt gemeines Volk vulgär dialektisch, aber
auch mittelalterlich romantisch (wie frühromantisch
aphoristisch), und Romantik sei Endform der Kunst,
bevor sie Religion wird und der plebejische Mysti-
ker Idealist, der die „Sabbathruhe des Geistes" und
des Lebens endlich genießen darf. Dazu ist *Marx*
wieder von den Füßen auf den Kopf zu stellen ohne
Opium der Gebildeten.

Hast du Kummer mit die deinen, trink dir keinen.
Hast du Freude an die deinen, trink dir mehr als
einen. Was kümmern mir die deinen, ertrinken
mir die meinen?

Guter Slapstick um ernste Dinge ist unterhaltsamer
als zeitgemäße Dramen um Lappalien.

Physiker zertrümmerten mit einem Atom
wie nebenbei die ganze Welt.

Diogenes war stolz auf seine Tonne, der eitle arme
Sünder strahlt & prahlt mit seinem Kinderreichtum.

Unverbrauchte Literatur preist Heroismus mehr
als Hedonismus und tollkühne Lausbubenstreiche
mehr als gestüme Spitzbubenstücke.

News? Nur Greise schreien nach frischem Blut.

Mitgefühl kann sadistisch sein, Härte voll Mitleid.

Ureinwohner träumen von PKW,
Zivilisierte von anderen als Großstadtdschungeln.

Generäle müssen nicht mutig,
Zivilisten dürf(t)en nicht feige sein.

Was uns zielgerichtet erneuern will, ist die zweitau-
sendjährige Kirche; was alt ist, ist unsere beständige
technische Modernisierung ohne Zweck.

Gute Theoretiker praktizieren nur Theorie, Praktiker
haben nur schlechte Theorien über die Praxis.

Es gibt mehr Idealisten (die nur nichts besitzen),
als Materialisten (die Materielles nur idealisieren).

Für Theoretiker halten sich wenige, für Praktiker
viele. Ergo sind mehr Leute verlogen als ehrlich.

Sie sind stark, aber schwächer als sie selbst:
Übermenschen sind Riesen, die Zwerge vor Über-
riesen wären – also Unterzwerge unter Zwergen.

Nietzsches *Übermensch* wäre der hilfsbereiteste
Hilfsbedürftigste oder nur ein Gewaltherrscher,
der eigene Hilflosigkeit braucht.

Für Geld würden Aufgeklärte ihre Seele verkaufen,
an die sie nicht glauben, aber nicht ihren gesell-
schaftlichen Ruf, an den sie idealistisch glauben.

Etikette. Gotteshäuser haben nur *eine* bedeutsame
Zeremonie, um aus den Zwangs(eti)ketten aller
bedeutungslosen Zeremonien heute zu erlösen.

Ideale und Fakten werden einander gefährlich,
am lebensgefährlichsten aber Fakten den Fakten.

Kruzifix des Pontifex. Gläubige können Fanatiker,
Gottlose müssen Fanatiker werden.

Rätselhaft *und* sonnenklar ist nie der Leib oder der
Geist, sondern ihre Verbindung in jedem Menschen.

Kulte um Diners und Sekt sind verkünstelt und leer,
nicht *Brot und Wein* jenseits von Fraß und Suff.

Gelobt sei, was zarter macht gegen Zärtliche
und Hartholzköpfe!

Jeder Durchschnittsmensch wäre dem *Übermenschen* überlegen, weil er allzu menschlich wäre.

Hast du auch das Hirn auf dem rechten Fleck?

Hirnforscher, die uns den freien Willen absprechen,
erklären uns zu unzurechnungsfähigen Irren
und sperren uns in ihre Hirnzellen.

Vorsorge treibt man nur für den Tag, an dem man
keine oder andere Vorsorge gebraucht hätte.

Nur Kranke sorgen sich um ihre Gesundheit, um
zurecht wieder sorglos drauflosleben zu können.

Der Übermensch wäre nicht besser, beschlagener,
hilfsbereiter und menschlicher oder egoistischer und
verschlagener als der Mensch, sondern überhaupt
kein Mensch und hielte sich auch nicht dafür.

Utopischer Weltfriede bestünde darin,
dass sich unzählige Utopi(ist)en bekriegen.

Moderne genetische Humanoptimierung wird
zu Übermenschen führen, also zu Un(ter)tieren.

Adam und Eva erkannten einander. Liebe der Seele
zu Gott ist philosophische Liebe zur Weisheit, und
wahre Liebeserfüllung ist erfüllte Wahrheitsliebe:
Herz und Hirn Hand in Hand!

Dass wir frei sind von Willensfreiheit, sagt uns nun
eine entmündigende Geisteskrankheit, der gesunde
Menschenverstand der Hirnforscher.

Schützen wir einzelne Geistesschützen
auf überschätzte Stützen der Gesellschaft!

Konsumistisch. Manifest : Ober- und Unterschichten
aller Länder, vereinigt euch zu Lebenstechnologen!

Gottesliebe ist christliche Menschenliebe : ER liebt
sein Ebenbild und schenkt ihm Seine Weisheit.

Revolution: Reaktion auf die Empörung von gestern.

Eurowissenschaft : Von neuplatonischen Kirchen-
vätern über aristotelische Bettelmönchsscholastik
des Aquinaten zur platonischen Renaissance
und Reformation bis zum neuheidnischen 1789 …

Glauben und Wissen : Zwei Wege zur selben
Wahrheit sind nie ein weiserer Weg zu zwei
diversen Wahrheiten.

Euro : Vom alttestamentarischen Rationalismus und
Realismus über neutestamentarischen Empirismus
zum qoranischen Bilderstürmer (oder „aufgeklärten"
Rationalisierer einer durchdigitalisierten Natur).

Der Himmel offenbart sich in einem weisen Buch,
die Erde in wissenschaftlichen Büchern. Die Aus-
legung ist hypothetisch, theoretisch wie theologisch.

Scholastik : Platonische Furcht vor dem Schöpfer
wird aristotelische Ehrfurcht vor seiner Schöpfung
zwischen Heiligem und wissenschaftlichem Geist.

Vom verpartnerten WG-Mathematiker Pythagoras
über einen verheirateten Realisten A. zur zölibatären
philosophia perennis der Metaphysiker : Von der
Eliteuniversität über universelle Volksreligion zum
raumzeitlichen Universum menschlicher Unikate,
von *Moses graecus* zum christlatinisierten Stagiriten

Vollendung einer Sache ist ihr übernatürliches Ende
in Verewigung, und Zeit ist der Anfang ihres
Verendens als Ende der Vollendung.

Was im *Buch der Bücher* geschrieben steht, ist
im *Buch der Natur* nachzulesen, bis es wahr wird.

Die Religion wäre tot, würde sie wissenschaftlich
widerlegt, aber nicht erst allgemeingültig, wenn
sie wissenschaftlich verifiziert würde – also niemals.

Das Leben ist heute so gut,
dass es zu nichts mehr gut ist.

Reales bestimmt Erkenntnis sinnlich und wird vom
Erkennenden rational bestimmt: erkannt, aber beides
erschaffen vom Ewigen. Die Sinnesdaten sind schon
vom Schöpfer verbunden, nicht erst vom *intellectus
agens* : Kein Geist ohne Sein, kein Sein ohne Geist.

Die Natur ist kein Kunstwerk menschlichen Natu-
rells, sondern beides ist Artefakt ihres Schöpfers.

Hegel : *Thomas von Aquin* der launischen Willkür?

Die Welt ist schlecht, aber noch schlechter
außerhalb der Gotteshäuser.

Oft ist das Wahre nur die falsche Art des Falschen,
aber das Böse auch die zu schlechte Art des Guten.
Gutes kann schlecht genutzt und Schlechtes noch
schlechter behandelt werden.

Religion ist hedonistischer als Genusssucht, dazu
lustiger und optimistischer als moderne Lebenslust.

Niemand bejaht das Leben mehr als der Monotheist.

Maßhalten muss man auch im Maßhalten und
die Zügelung seines Egoismus zügeln können.

Der Schöpfer schaffte kein Teufelswerk, und
die Schöpfung hatte keinen satanischen Schöpfer.

Welche Religion taufte den Realisten, Rationalisten,
Naturalisten, Empiristen und Materialisten?

Weib: „Nimm mich!“ *Emanze:* „Nimm mich ernst!“

Sinn und Zweck menschlichen Lebens
liegen weder ganz in ihm noch ganz in uns.

Ist ein Kreuz der *Baum der Erkenntnis*?

Buddha fällt stets zu tief vom Himmel, Jesus steigt
uns zu hoch vom Kreuz, und der Atheist ist zu platt.

Brechen wir denn nur auf, um an Verbrechen
oder Gebrechen zu zerbrechen?

Kapitalismus gegen Sozialismus zu verteidigen
heißt kaum, Reiche gegen Arme zu beschützen.

Es liegt uns im Blut, dass uns nicht
alles im Blut liegen sollte.

Die Natur ist auch für Gotteshäuser nicht des
Teufels, denn die Hölle ist ein Werk der Kultur.

Das Mittelalter hinderte uns daran, an Lebenslust zu
sterben; heut muss man uns hindern am Selbstmord.

Philosophie ist auch das Gefühl, weder nur klarem
Verstand noch atmosphärischem Gefühl zu trauen.
Bei Abstimmungen ist es ihre Bestimmung, eher
Verstimmungen als Stimmungen zu überstimmen.

Lief *Buddha* jenseits von Diesseits und Jenseits
auch in die Abseitsfalle des Andererseits?

Neue Anfänger fangen nichts Neues (an).

Nicht Eingebildete haben die beste Einbildungskraft

Grobes Denken schlägt gerade Schneisen durchs
Gelände krummer Touren, und der Baumstamm
ist seinen feinsten Zweiglein viel zu einfach.

Sind arme Teufel Engel, weil sie es sich nicht
leisten können, fuchsteufelswild böse zu sein?

War Gottes Offenbarung notwendig, weil er seinen
Ebenbildern nicht genug Lebenszeit gab, alles durch
lange Erfahrung und Dispute selbst zu ermitteln?

Die alte *Vita contemplativa* ist selbst die *Vita activa*.
Dagegen haben Aktivisten eher passive Passionen.

Geistessysteme der Philosophen umfassen mehr
als ihren Leibesumfang, und mehr als die ganze
Gesellschaft beherrscht dich deine Gruppe darin.

Was alles in Ordnung ist und bringt, ist nie ordinär.

Industrie produziert Überflüssigstes im Überfluss,
um Allernötigstes nicht herstellen zu müssen.

Notdurft wurde zum Luxusgut der Arbeitssklaven.

Unsere abstruse Welt wurde uns selbstverständlich,
alles Selbstverständliche deshalb widersinnig.

Aphoristiker müss(t)en Bergwerkstollen graben,
die dem Philosophen nicht zum Grab werden.

Die Formen der Kunstwerke sind die Kunstwerke
selbst : Ist deine Frau dein Artefakt?

Messer zu Schwertern : Streitgespräche schärfen
eigene Überzeugungen, statt überzeugt zu werden.

Der Querkopf gilt als Querulant, ein armer Irrer
und/oder (selbst)mörderischer Kohlhaas.

Ruckzuck : Rück vor und zuck zurück;
was dich verzückt, macht andere verrückt.

Er und sie : Leichtes Leben mit schwerem Tod
und schweres Leben mit leichterem Tod?

Bewegung macht Unvollkommenes vollkommener,
oder „Fortschritt" tritt nur auf deiner Arbeitsstelle.

Logische Deduktion ohne empirische Induktion
ist leer, (abduktive) Induktion ohne systematische
Deduktion bleibt wissenschaftlich blind : Vernunft.

Unsinn über Unsinn zu reden, macht wenig Sinn,
und Blödsinn, der zu viel Sinn macht, hat auch nur
Unsinn im Sinn, doch Nonsens mehr Hintersinn.

Warum sollen seine Geschöpfe an seiner Schöpfung
weniger Freude haben als ihr Schöpfer selbst?

Reicht Abstand zwischen Masken? Ungeimpfte
gegen alte Viren sind uns noch gefährlicher
als nur neue *Corona*-Mutanten.

**Ethik statt Ökonomie ist nur ein blauäugig sinn-
loser Appell. Wer die Segnungen des Industrialismus will, muss den Kapitalismus wollen, der
ihn erst zum ewigen Füllhorn macht, aber nicht
Großkapitalismus, der nur den Reichen nützt
und die *Büchse der Pandora* öffnet. Die Lösung
liegt eher darin, jeden Armen durch Verteilung
zum Kleinkapitalisten und Grundherrn zu machen, also zum unausbeutbaren Selbstversorger.
Ökonomie wird nie ethischer und pragmatischer
gestaltet durch ethische Haltung und pragmati-
sche Handlung, sondern gerechtere Wirtschaft.**

Dass etwas sicher auf sich selbst (be)stehen kann,
das kann sicher nicht auf sich selbst stehen, sondern soll dahingestellt sein (und nicht bleiben).

**Ein Mensch ist nicht weniger, also Atomgewirr,
sondern mehr, nämlich ein Weg und Ziel.**

Eher hat alles die Anlage zum Nichts als umgekehrt.
Wer nur das Nichts erschaffen hat, das alles aus sich
weiterentwickeln soll, hat noch nichts erschaffen.

Selbstgenügsamkeit ist hochmütiger
als narzisstische Selbstbespiegelung in anderen.

Man realisiert nicht seine Theorien, sondern begreift
seine Taten später oder praktiziert fremde Theorien.

Habe Spezialanlagen zu universellsten Dingen wie
allen gemeinsame Anlagen zu speziellsten Realien!

Das Hirn ohne Nerz und Kommerz wechselt
beständig zwischen Herz, Schmerz und Scherz.

Wer ist so groß, dass er in einen Schlusspunkt passt?

Die wissenschaftlich-technische Naturbeherrschung
scheint inzwischen lebensgefährlicher als das Leben
und Mutter Natur selber. Die dreiste Dummheit der
forschen Forscher schließt aus der Demokratie so
wenig aus, dass sie die Demokratie schon eher des-
potisch beherrscht und dann abschafft. Das vor-
zivilisatorische Wissen ist dem hochkulturellen
himmelhoch überlegen. Die Faszination von der
Technikreligion ist kindisch schwarze Magie.

Naturwissenschaftliche Arbeitshypothesen lassen
sich per Experiment unstrittig widerlegen, aber kein
ganzes Geschichtsbild, das nur eine philosophische
Selbstrechtfertigung von sehr verkünstelten Metho-
den ist, die diffuse Welt vorweg auf eine bestimmte
Art zuzurichten, um unter idealisiert vereinfachten
Bedingungen höchst künstliche, aber besser manipulierbare Eindeutigkeiten zu produzieren.

Erst Naturwissenschaft bringe angeblich etwas Ob-
jektivität ins Wissen, der Rest sei subjektive Belie-
bigkeit und Privatsache: Unnatürlicher und doktrinä-
rer geht es kaum. Diese Methode filtert aus vieldeutig atmosphärischen Empfindungen manipulierbare
Eindeutigkeiten heraus, die so gar nicht drinstecken,
und du taufst das dann "objektiv". Und der unprak-
tikable Rest wird nun in jedermanns Seelencontainer
abgeschoben. Das ist heutiger moderner Voodookult
an Untoten. Dagegen war mittelalterliche Scholastik

ja ausgesprochen rational. Zum Glück entscheidet Naturwissenschaft nicht auch noch über Recht und Moral, Religion und Kunst, Philosophie und Handlungen etc., bei denen durchaus alles nicht so relativ, schwammig und beliebig zugeht, wie der MINT-Man gern suggeriert. Diese so "soften" Themen sind rational präziser Überprüfung durchaus zugänglich. Umgekehrt erfordert z. B. Anwendung von Gehirnforschung auf Gefühle recht dubiose irrationale Vorentscheidungen.

Bei diesen Konsensfindungen geht man wenigstens von unmittelbar alltäglichen Erfahrungen des *common man* aus. Und Religion hatte der Mensch von Anfang an und wird es noch geben, wenn von Neutrinos und Stringkosmologie längst keine Rede mehr sein wird. Nun mal nicht so vom hohen Ross der Messapparate-Mythologie herab auf nomadische Menschen herabgesehen, von denen wir herzlich wenig wissen – außer dass sie noch nicht geackert haben, aber ihre Höhlenwände kunstvoll bemalt und sicher nie auf Bäumen gelebt haben, sondern Jahrhunderttausende lang in der Savanne unter Gottes Himmel gejagt, gesammelt und viehgetrieben haben, bevor sie vom Baum der Erkenntnis aßen, wie man in nur 10.000 Jahren selber das Erdklima versaut, Mordautos steuert, Atomraketen baut und dabei Fernsehquatsch produziert. Den Nomaden gehörte einmal die Welt : Die traurig unterdrückten Reste sind heute Indianer in Zelten, Inuits (Eskimos in

Iglus), mongolische Reiternomaden in den portablen Jurten, die geheimnisvollen Mayas, die heute verschweigen, was sie wissen, die Aborigenes in Australien und viele andere. Was Urmenschen in den Höhlen waren, wissen wir eher aus Felszeichnungen als aus armseligen Knochen. Sie wussten alles, was wichtig war – vor dem Sündenfall vor zehn Jahrtausenden. Wo es Menschenopfer gab, da gab es keine Religion, sondern nur wildeste Mythenkunst. (Der Kindermoloch von Karthago wurde vom Cäsaren-Rom besiegt, der Blüte des Heidentums, das dann vom Christen-Rom besiegt wurde für zwei Jahrtausende.) Was sind da 250 Jahre "naturwissenschaftlicher" Atheismus und Naturalismus? Die Massenmorde des 20. Jahrhunderts im Namen zweier a(nti)-theistischer Sozialismen waren ohne bewusste Unterstützung atheistischer Naturwissenschaften schier unmöglich – bis hin zu den heute 50 Mio. Abtreibungen weltweit pro Jahr : Menschenopfer pur.

Permanent repariert die Naturwissenschaft nur horrende Folgeschäden dessen, was es ohne sie ja gar nicht gäbe, und nennt das dann "Fortschritt".

Naturwissenschaften wollen "nur" das Wissen vermehren und vermehren damit das praktische Wissen, wie man Massenvernichtungswaffen produziert, mit denen sie dann nichts zu tun haben wollen? Schöne Moral! Einstein hatte wenigstens noch ein

abgrundschlechtes Gewissen, als er Roosevelt den
Bau der Atombombe empfahl und die Folgen sah

Kein Wissenschaftler bis heute weiß, was die stein-
zeitlichen Höhlenmalereien vor etwa 35.000 Jahren
bedeuten. Wer es zu wissen glaubt, verrät damit
mehr von sich als von den Künstlern damals.

Das eben ist der moderne Irrglaube, dass der "aufgeklärte" Atheismus in all seinen "freigeistigen"
Spielarten zu tolerieren sei, obwohl er sich als in-
humanster Humanismus längst bewiesen hat, ob nun
"sozialistisch" oder nicht. Die Weißwäsche des Wis-
senschaftlers scheint uns bigott. Einstein, der die
Atombombe möglich machte, war da viel moralisch
konsequenter.

Das ist nun ein typisch modernes, laxes moralisches
Wertsystem, das nie feststeht wie Prüfsteine und
Grundsätze, sondern schwankt wie eine Fahne im
Wind, der jederzeit drehen kann. Das bekämpfe man
monotheistisch in aller dogmatischen Intoleranz.
Wissen soll(te) sich immer weiterentwickeln, Moral
aber nimmer.

Es geht doch nicht darum, dass jeder selbstverständlich frei ist, seine Moral und Ethik zu wählen, son-

dern darum, dass über diese verschiedenen Philosophien samt ihren Ethiken gar nicht mehr heiß diskutiert werden soll, weil das angeblich unwichtig, un-
praktisch und sinnlos sei – wo es doch in Wirklich-
keit das Allerpraktischste und Wichtigste von der
Welt wäre. Es ist heute sogar das Einzige, das nottut
und Abhilfe brächte.

Noch nie etwas davon gehört, dass wenigstens im
Monotheismus der Mensch mit freiem Willen erschaffen wurde, auch Böses zu tun, also zurech-
nungsfähig zu sein? Das gilt in allen drei historischen Monotheismen, und Sünden werden dort nicht
durch bloße Lippenbekenntnisse vergeben, um wie
ein wiedergeborenes Kind neu anfangen zu dürfen.

Die meisten "Wertsysteme", Religionen, Ethiken
und Philosophien sind nicht kompatibel und häufig
sogar erst gegeneinander entstanden und müssen
sich also auch geistig bekämpfen, um sich auch nur
zu behaupten. Wenn allumarmende Toleranz also
mehr sein soll als bloße Gleich-gültigkeit, muss man
Stellung beziehen, ob man will oder nicht : Kein
Mensch steht darüber – oder darunter. Das schlech-
teste Wertsystem ist wohl das, in dem alle anderen
Wertsysteme koexistieren, wie im antiken Imperium
Romanum, das dann gegen das Christen-Rom der
Armen sich auch geistig nicht mehr behaupten

konnte. Das einzig Wahre ist keine Mischung aller Wahrheiten und Irrtümer.

Ohne menschliche Eigenverantwortung hat die Willensfreiheit doch gar keinen Sinn. Der Schöpfer ist eben nicht verantwortlich für das, was sein einziges freies Geschöpf mit dieser unausweichlichen Willensfreiheit anfängt. Natürlich hätte Er uns auch als gute Automaten erschaffen können, aber dann wären wir nur Tiere mit Instinktprogrammen. Das aber soll(t)en wir offenbar eben nicht sein. Wie weit die allmächtige Vorsehung prognostizieren kann oder auch nur will, wie jeder sich morgen entscheiden wird, muss uns unentscheidbar offenbleiben.

Deshalb hat Kant uns als "Bürger zweier Welten" angesetzt : Wir sind ja empirisch volldeterminierte Naturwesen und zugleich transzendental Willensfreie, die sich ihr eigenes Vernunftgesetz geben können. Das ist alttestamentarisch gedacht. Mensch und Tier sind in jedem von uns durch eine abgründige Metastufe getrennt.

Wie gesagt, kann die allmächtige Vorsehung z. B. gütig vor sich selbst verbergen (wollen), wie dein freier Wille sich morgen entscheiden wird. Er könnte es jederzeit wissen, will aber vielleicht nichts davon wissen. Nichts kinderleichter als dieses Spiel. Scheinbare "Zufälle" gibt es auch noch …

Warum soll(te) ein allmächtiges Geisteswesen nicht messbare Wirkungen in der profanen Realität haben können, da ein schwächerer Geist wie ich es ja auch kann – siehe Kants "Bürger zweier Welten". Im Begriff eines Allschöpfers als Urursache aller Ursachen liegt es, dass das ganze All Seine (auch naturwissenschaftlich messbare) Wirkung ist samt der menschlichen Willensfreiheit, Ursache eigener Wirkungen zu sein, und allen Wechselwirkungen. Auch Physiker haben stets darauf hingewiesen, dass makrokosmisch menschliche Freiheit gar nichts zu tun habe mit quantentheoretischen Antideterminismen und „Freiheitsgraden" im Mikrokosmos.

Und natürlich könnte Allmacht eine Mauer schaffen, die sie selbst nicht mehr übersteigen kann, da sie durch unsere formale Logik (der Widerspruchsfreiheit) nicht eingeschränkt sein muss, doch vermutlich ist sie so gütig, nicht alles zu tun, was sie kann (wie wir es ja so gern tun) ... Das formallogische Mauerparadox löst sich ganz einfach : Allmacht wäre selbst auf notwendige Widerspruchsfreiheit nicht einschränkbar, und die Allmacht war so frei, die Logik zu schaffen, eine ihrer prinzipiell wechselbaren Gewohnheiten.

Kant zählt die drei "dialektischen Ideen" von Gott
und der Welt und der Willensfreiheit zu den rational
unabweisbaren und zugleich empirisch unbeweisba-
ren wie unwiderlegbaren Vernunftbegriffen. Monotheismus ist die hypothetische Annahme, dass dieser
Schöpfer sich selbst den Menschen empirisch offenbart habe im Wort, und die Theologie diskutiert,
was aus dieser Hypothese rational folgen würde. Ein
„Ebenbild" soll dem Vorbild nicht gleichen, aber
hinreichend ähneln wie ein Abbild dem abgebilde-
ten Objekt. Z. B. hat das höchste Geschöpf laut Monotheismus freien Willen von seinem freien Schöpfer und kann selber etwas schaffen – auch gegen die
Schöpfung seines Schöpfers, und kann unsterblich
werden fast wie sein Schöpfer.

Da das angeblich nur den Rechten nütze, sollen
"linke" Sünden nicht offenbart werden, abgesehen
von der Shoa genau die gleichen Sünden? Das erin-
nert an stalinistische Winkelzüge, siehe bei Sartre &
Co, welche den *Gulag* totschweigen wollten, um die
Armen der Welt nicht zu entmutigen. Haben manche nicht ein etwas zu taktisches Verhältnis zur
historischen Wahrheit? Offenlegung linker Todsünden nutzt auch und vor allem den Linken selbst.

**Natürlich ist der Bibeltext von (inspirierten)
Menschen verfasst und zusammengestellt. Die
biblische Theorie ist so gut und so schlecht wie**

jede wissenschaftliche Arbeitshypothese, die diskutiert und getestet sein will : Was würde rational aus der Annahme folgen, dass die Welt das Werk eines einzigen unsichtbaren Schöpfers wäre, der sich in diesem sichtbaren Werk geoffenbart hätte? Was hätte Er uns damit sagen wollen und können? Die "wissenschaftlichen" Aufklärungsmythen sind oft Scherze der Phantasie wie die profanen Geschichten des griechischen Olymps (die ja keine Religion sind). Das eine sind oft lustige Märchen für Gebildete (vom dummen Volk durchschaut), das andere waren lustige Märchen für das Volk (von Philosophen wie Platon durchschaut). Der Zustand der heutigen Welt ist kein Ergebnis von Naturkatastrophen, sondern ein "Erfolg" auch und vor allem der naturwissenschaftlichen Lakaien des Kapitals. Die gängigen Wissenschaftstheorien sind lediglich naturwissenschaftliche Apologien der Naturwissenschaft selber: Aller Einspruch von außen gilt als unwissenschaftlich disqualifiziert. Die heutige Wissenschaft denkt gar nicht daran zu denken, wenn sie, in ihren methodischen Scheuklappen befangen, die Erde samt den Menschen verwüstet unter dem Vorwand zu helfen, aber zu was denn zu verhelfen, außer die Demokratie abzuschaffen durch aristokratische Zivilisation?

Die heutige Physik z. B. wurde eine Metaphysik, die sich selbst nicht versteht …

Lieber gesunden Stolz als eitle Koketterie?
Paraphrase zu Chesterton

Ich habe kurzerhand eine Probe aufs Exempel gemacht und bei Bekannten und Verwandten einmal umgefragt, was sie für schlimmer halten, „Stolz oder Eitelkeit?" Das Ergebnis hat mich nicht überrascht, und zwar deshalb nicht, weil es die übliche grundfalsche Sicht auf die Dinge wiedergibt. Und das nicht, weil ich zufällig anderer Meinung und zu stolz auf meine Ansichten bin, sondern bessere Argumente für meine Einschätzung vorzubringen weiß als meine Kontrahenten für die ihre.

Eitelkeit ist mehr als verzeihlich, weil sie angestrengt um den Beifall einer möglichst großen Anzahl von Mitmenschen wirbt und buhlt, weil also der Eitle den Wert seiner Angebote abhängig macht von dem Grad der Zustimmung oder Ablehnung seiner kompetentesten Kritiker. Eitelkeit hält den anderen für würdig, sich für ihn und um ihn ehrlich zu bemühen. Der Eitle beugt sich dem möglichen Urteilsvermögen seiner Mitwelt, erkennt sie an und verbeugt sich bescheiden vor ihr.

Nur *Narziss* geht einen entscheidenden Schritt zu weit und tut alles, Besseres wie Böseres, um unentwegt sein öffentliches Image aufzupolieren auf Teufel komm raus, und lebt nur für dieses schmeichelhafte Bild in den Augen seines Nächsten und ordnet dem alles unter – und sei es auch durch Betrug.

Durch einen Abgrund ist der wirklich stolze Mensch vom nur eitlen getrennt. Der Mensch soll nämlich nicht selbstverständlichen „natürlichen Stolz" haben, statt sich wie ein eitler Pfau zu spreizen, sondern sich umgekehrt ruhig in aller allzu menschlichen Eitelkeit um Liebe, Lob und Bewunderung der Mehrheit ins Zeug legen, damit er ihnen etwas Brauchbares zu schenken hat. Er wird vielleicht nur einen kleinen Kreis von begeisterten Liebhabern seiner Künste um sich scharen und sich dessen erfreuen können, aber das steht moralisch himmelhoch über einem Stolz, der ja eher eisigen Hochmut als „gesundes Selbstbewusstsein" verrät.

Denn der stolze Mensch ist stolz nur auf sein eigenes Sein und Können, Haben und Dürfen, auch wenn kein Mensch der Welt den Wert seiner Werke anerkennen und verehren sollte. Er trotzt gleichsam der ganzen Welt, aber nicht, weil er eine schlechte Welt verbessern will, sondern weil er sich für besser, großartiger und schöner hält als alle anderen, auch und gerade, wenn niemand diese Einschätzung auch nur entfernt teilen sollte.

Das ist der Stolz *Luzifers*, der sich vor dem alten Adam des gewöhnlichen Sterblichen nicht verbeugen wollte, sondern dafür aus dem Himmel verbannt wurde und als *Satan* (hebr. „Scheitan") nun fortan die Menschheit verführen und in Versuchung führen darf : *Diabolos*, der alles durcheinander wirft, ein gefallener Engel, aber kein Untier. (Der teuflische Allverleumder kann übrigens auch durchaus selber verleumdet werden.)

Der eine stolziert selbstherrlich, der andere kokettiert gefallsüchtig. Stolz ist selbstgefällig, doch Geckenhaftigkeit schlimmstenfalls lächerlich.

Kurzum : Der stolze Mensch hält sich in seiner Einsamkeit tendenziell für den Nabel der Welt und für einen Gott unter Dummköpfen, Stümpern und Irren. Der nur eitle Mensch beugt sich demütig dem Urteil von Besseren, freut sich von Herzen über ihr günstiges Urteil und ist traurig über ihre Verrisse. Diese *Applausibilität* ist moralisch völlig plausibel.

Man muss sogar nicht viel übertreiben, um sagen zu dürfen : Ein jeder Mensch kann sich moralisch „glückswürdig" *(Kant)* machen, aber ist von Natur nicht einmal der „Dornen und Disteln auf dem Acker" würdig, die er jätet, um nach dem dämonischen Stolz des Sündenfalls auch nur sein täglich Brot essen zu können ...

Niemand hat Grund, stolz auf sich zu sein, weil sein Können ja nur einem mitgegebenem Naturtalent und / oder seinem Schöpfer sich verdankt. Eitelkeit ist eher ein Besieger als ein Kind des Stolzes, ein lässliches Zugeständnis an allzu menschliche Schwäche. Verdammung von „gesundem Stolz" ist nicht ganz so eitel, wie die übliche Verdammung von beifallheischender Eitelkeit selbst etwas zu stolz klingt, um von oben herab ganz glaubwürdig zu sein. Niemand hat Grund, stolz auf sich zu sein, da niemand sein eigenes Können erschaffen kann, doch niemand auch sollte so stolz sein, deine kleinen Eitelkeiten zu verdammen wie den maßlosen Stolz.

Und natürlich darf und soll jedermann jeden Stolz verdammen und geistig bekämpfen mit all seiner Kraft und Eitelkeit, was er kraft geschenktem freien Willen auch tun könnte, statt alle Arbeit dem Ewigen aufzubürden.

Philosophische Grundbibliothek

Chuang-tsi: „Das wahre Buch vom südlichen Blütenland"

L. Annaeus Seneca : „Briefe an Lucilius"

Michel de Montaigne : „Essais"

Imm. Kant : „Grundlegung zur Metaphysik der Sitten"

S. Maimon : „Versuch einer neuen Logik … " (1794)

G. Fr. Hegel : „Phänomenologie des Geistes" / „Ästhetik"

Arthur Schopenhauer : „Aphorismen zur Lebensweisheit"

Friedrich Nietzsche : „Menschliches, Allzumenschliches"

Nicolai Hartmann : „Das Problem des geistigen Seins"

Hedwig Conrad-Martius : „Der Selbstaufbau der Natur"

Th. Adorno : „Minima moralia" / „Ästhetische Theorie"

Jean-Paul Sartre : „Der Idiot der Familie"

Hermann Schmitz : „Der unerschöpfliche Gegenstand" /
              „Der Weg der europäischen Philosophie"

I.M. Bochenski / A. Menne : „Grundriss der Logistik"

Hans Blumenberg : „Wirklichkeiten, in denen wir leben",
              „Die Vollzähligkeit der Sterne"

Übersicht zum Gesamtwerk

Zwischen **Unterschicht**-Herkunft („Herren tut es leid, Knechten tut es weh") und religiösem **Himmelhoch** („Der Ewige und sein Urprojekt", „Neuer Cherubinischer Wandersmann") hier die drei Säulen eines lebenslangen Schreibprojekts:

1. *Tiefenpsychologie der Philosophie* („Wenn die Seele auf den Geist geht", „Heideggers philosophischer Eros")

2. *Satiren* (Essay- und Aphorismenbände)

3. *Idyllen* („Aufsätze zur logischen Form", „Zur Dialektik und Phänomenologie der Natur- und Kulturidyllen" und „Glückliche Idyllen kontemplativen Lebens im Elfenbeinturm")

   Karl Poppers „Drei Welten" : (Idyllische) Physis, (kritische) Ideen und (philosophische) Psyche.

Sekundärliteratur zum Aphorismus

Gerhard Neumann (Hg.): „Der Aphorismus.
Zur Geschichte, zu den Formen und Möglichkeiten
einer literarischen Gattung", Darmstadt 1976

„Ideenparadiese. Untersuchungen zur Aphoristik
von Lichtenberg, Novalis, Friedrich Schlegel und
Goethe", München 1976

Peter Krupka: „Der polnische Aphorismus",
München 1976

Hans Peter Balmer; „Philosophie der menschlichen
Dinge. Die europäische Moralistik", Bern 1981

Harald Fricke: „Aphorismus", Stuttgart 1984

Gisela Febel: „Aphoristik in Deutschland und
Frankreich", Frankfurt/Main 1985

Klaus von Welser: "Die Sprache des Aphorismus",
Frankfurt/M. 1986

Heinz Krüger: „Über den Aphorismus
als philosophische Form", Frankfurt/M. 1988

Werner Helmich: „Der moderne französische
Aphorismus", Tübingen 1991

Stefan Fedler: „Der Aphorismus. Begriffsspiel zwischen Philosophie und Poesie", Stuttgart 1992

Paul Geyer / Roland Hagenbüchle: „Das Paradox", Tübingen 1992, Würzburg 2002²

Thomas Stölzel: „Rohe und polierte Gedanken. Studien zur Wirkungsweise aphoristischer Texte", Freiburg 1998

Lada Lubimova: „Struktur und Funktion des Aphorismus : eine textlinguistische Studie", Bremen 1998

Robert Zimmer: „Die europäischen Moralisten", Hamburg 1999

Michael Esders: „Begriffs-Gesten. Philosophie als Kurze Prosa von Friedrich Schlegel bis Adorno", Frankfurt/Main 2000

Rüdiger Zymner: „Aphorismus", In: Kleine literarische Formen in Einzeldarstellungen, Stuttgart 2002

Friedemann Spicker: „Kurze Geschichte des deutschen Aphorismus", Tübingen 2007

„Die Welt ist voller Sprüche. Große Aphoristiker im Porträt", Bochum 2010

Rolf Friedrich Schuett : „Aphorismus – Philosophischer Gehalt in literarischer Gestalt", 2019